Reinhard Körner

Wie Gott in unsere Welt hinein handelt und spricht

Reinhard Körner

Wie Gott in unsere Welt hinein handelt und spricht

benno

Bibliografische Information der Deutschen Nationalbibliothek
Die Deutsche Nationalbibliothek verzeichnet diese Publikation in der Deutschen Nationalbibliografie; detaillierte bibliografische Daten sind im Internet unter http://dnb.d-nb.de abrufbar.

Besuchen Sie uns im Internet:
www.st-benno.de

Gern informieren wir Sie unverbindlich und aktuell auch in unserem Newsletter zum Verlagsprogramm, zu Neuerscheinungen und Aktionen.
Einfach anmelden unter www.vivat.de.

ISBN 978-3-7462-6533-9

Covermotiv: © stock.adobe.com/Blende-8
Umschlaggestaltung: Ulrike Vetter, Leipzig
Gesamtherstellung: Kontext, Dresden (2023, A)

Ich war „dabei“, als der Berliner Fernsehturm gebaut wurde. Ende der 1960er-Jahre war das, während meiner Zeit im kirchlichen Internat in Schöneiche, einem Vorort von Ost-Berlin. Immer wenn wir ins Stadtzentrum fuhren, mit der S-Bahn an der imponierenden Großbaustelle vorbei, war er wieder ein Stück gewachsen. Und ganz unvergesslich sind mir die ersten Monate nach seiner Fertigstellung: Da erstrahlte, wenn die Sonne darauf schien, zur Überraschung aller an der Kuppel – ein Kreuz. Wir Christen witzelten damals, das sei die Rache Gottes am atheistischen Regime, und die SED-Führung bemühte sich schnell, daraus das „Plus des Sozialismus“ zu machen. Heute steht dieses höchste Bauwerk Deutschlands (368 Meter sind es bis zur Turmspitze) zusammen mit der ebenfalls schon damals errichteten Weltzeituhr mitten in einer „multikulturellen“ Stadt, und das Lichtkreuz an der Kuppel sagt mir: Gott strahlt sein Licht in unsere Welt hinein – in *seine* Welt. In *jeden* seiner Menschen –, auch in unserer Zeit.

Kann Gott Einfluss nehmen auf die Welt?

– und auf mein Leben? Die Autoren der Bibel waren davon überzeugt. Sie erzählen, im Ersten wie im Neuen Testament, dass Gott in der Geschichte ihres Volkes handelt und zu den Menschen spricht. Das ist zwar bildlich ausgedrückt, aber was sie damit meinen, war für sie Realität.

Auch ich bin davon überzeugt. Von Jugend an mache ich die Erfahrung, dass Gott zu mir „spricht" und sich die Dinge immer wieder – genau zur rechten Zeit und oft im letzten Moment – so fügen, dass ich es nur dem Augenzwinkern Gottes zuschreiben kann. Schaue ich zurück, jetzt 72 Jahre alt, dann weiß ich: Alles wirklich Wichtige und Wesentliche, das bisher in meinem Leben geschehen und geworden ist, war weder von mir geplant, noch habe ich es „gemacht"; da war ein Größerer mit am Werk, nicht ich allein.

Und so wie mir geht es vielen. Nur scheuen sich die meisten, darüber zu reden; sie fürchten, für naiv gehalten und belächelt zu werden. Was ich gut verstehen kann. Wie auch soll man das anderen erklären?! – noch dazu angesichts der Tatsache, dass sich so vieles doch offensichtlich *nicht* „zum Guten fügt". Zudem haben Menschen von heute – wie ich auch – ein naturwissenschaftlich geprägtes Allgemeinwissen, das mit dem Glauben an ein Hineinwirken Gottes in die Welt ohnehin nicht vereinbar zu sein scheint.

Kann Gott wirklich in die Welt hineinwirken? Und wenn ja, wie? – so fragt auch mein eigener Verstand. Nicht, dass ich der Meinung wäre, das ließe sich bis ins Letzte ergründen! Aber so zu fragen, ist notwendig, weil sonst der Verstand das Herz blockiert und den Augen des Glaubens den Blick verstellt. Das weiß ich von mir selbst. Und als Seelsorger von vielen anderen.

Orientierungshilfe in diesen Fragen fand ich in der Theologie und der Religionsphilosophie, in der Geschichte der jüdischen und der christlichen Spiritualität und nicht zuletzt in den Schriften meines Ordensvaters Johannes vom Kreuz. Was ich gefunden habe, will ich in diesem Buch – kurz und knapp in sechs Leitsätze zusammengefasst – weitergeben.

Karmelitenkloster Birkenwerder,
im Herbst 2023

Reinhard Körner OCD

Inhalt

1. Gott wirkt die Welt – in jedem Moment

Gott *handelt* und *spricht* in unsere Welt und in unser Leben hinein. In der Bibel ist davon Seite für Seite die Rede. Auch Menschen aus der späteren Glaubensgeschichte erzählen davon. Edith Stein zum Beispiel. Die jüdische Christin und Karmelitin aus dem vorigen Jahrhundert (1891–1942) hat in ihrem theologisch-philosophischen Hauptwerk ENDLICHES UND EWIGES SEIN berührende Worte dafür gefunden. Sie schreibt dort:

> Man unterscheidet in der gewöhnlichen Redeweise „Planvolles" – und das gilt zugleich als „sinnvoll" und „verständlich" – und „Zufälliges", was in sich sinnlos und unverständlich erscheint. Ich habe ein bestimmtes Studium vor und suche mir dafür eine Universität aus, die mir besondere Förderung in meinem Fach verspricht. Das ist ein sinnvoller und verständlicher Zusammenhang. Daß ich in jener Stadt einen Menschen kennen lerne, der „zufällig" auch dort studiert, und eines Tages „zufällig" mit ihm auf weltanschauliche Fragen zu sprechen komme, er-

scheint mir zunächst nicht durchaus als verständlicher Zusammenhang. Aber wenn ich nach Jahren mein Leben überdenke, dann wird mir klar, daß jenes Gespräch von entscheidendem Einfluß auf mich war, vielleicht „wesentlicher" als mein ganzes Studium, und es kommt mir der Gedanke, daß ich vielleicht „eigens darum" in jene Stadt „gehen mußte". Was nicht in *meinem* Plan lag, das hat in Gottes Plan gelegen.

Und je öfter mir so etwas begegnet, desto lebendiger wird in mir die Glaubensüberzeugung, daß es – von Gott her gesehen – keinen „Zufall" gibt, daß mein ganzes Leben bis in alle Einzelheiten im Plan der göttlichen Vorsehung vorgezeichnet und vor Gottes allsehendem Auge ein vollendeter Sinnzusammenhang ist. Dann beginne ich mich auf das Licht der Glorie zu freuen, in dem auch mir dieser Sinnzusammenhang entschleiert werden soll.

Das gilt aber nicht nur für das einzelne Menschenleben, sondern auch für das Leben der ganzen Menschheit und darüber hinaus für die Gesamtheit alles Seienden. Ihr „Zusammenhang" im Logos ist der eines Sinn-Ganzen, eines vollendeten Kunstwerkes, in dem jeder einzelne Zug sich an

> *seiner* Stelle nach reinster und strengster Gesetzmäßigkeit in den Einklang des gesamten Gebildes fügt. Was wir vom „Sinn der Dinge" erfassen, was „in unseren Verstand eingeht", das verhält sich zu jenem Sinnganzen wie einzelne verlorene Töne, die mir der Wind von einer in weiter Ferne erklingenden Symphonie zuträgt. In der Sprache der Theologen heißt der Sinnzusammenhang alles Seienden im Logos der „göttliche Schöpfungsplan" (ars divina).[1]

Diese Zeilen sprechen mich sehr an. Zwar würde ich nicht, wie Edith Stein es noch konnte, den missverständlichen, heute eher fatalistisch anmutenden Begriff „göttliche Vorsehung" verwenden, und auch mit dem Ausdruck „in Gottes Plan" wäre ich in diesem Zusammenhang vorsichtiger. Aber ich teile ihre Zuversicht, „daß mein ganzes Leben bis in alle Einzelheiten [...] vor Gottes allsehendem Auge ein vollendeter Sinnzusammenhang ist". Denn auch ich erkenne in meinem Leben einen durchgehenden Faden, den ich nicht selbst da hineingewoben habe, und wie sie freue ich mich „auf das Licht der Glorie [...], in dem [...] mir dieser Sinnzusammenhang entschleiert werden soll".

Das gelte ebenso „für das Leben der ganzen Menschheit", fügte Edith Stein hinzu, ja „darüber hinaus für die Gesamtheit alles Seienden". Auch diese Überzeugung teile ich. Es ist jedes Mal tief beeindruckend für mich, wenn ich das Wirken Gottes auch im Lebenslauf anderer erkennen kann und letztlich – trotz so viel Unheilvollem – in allem Weltgeschehen.

Und doch fragt mein Verstand: Ist das überhaupt möglich? *Kann* Gott überhaupt in die Welt hinein „sprechen" und in ihr „handeln"? Und wenn ja – wovon ich aufgrund solcher Erfahrungen überzeugt bin –, wie macht Gott das? Wie kann ich mir selbst und anderen das erklären?

Alle Antwortversuche setzen selbstverständlich den Glauben an Gott voraus – und eine bestimmte Gottes- und Weltsicht.

Für die Autoren der Bibel ist Gott der *Urgrund* der Welt: die Wirklichkeit hinter aller Wirklichkeit, der wir es verdanken, dass die Welt, wir selbst eingeschlossen, überhaupt da ist und nicht nicht da ist. Sie nennen Gott *Schöpfer*, die Welt seine *Schöpfung*. Für sie – wie für die jüdische und christliche Theologie bis heute – ist der Urgrund allen Seins zudem nicht eine Kraft oder Energie nur, nicht ein göttliches Etwas ohne Bewusstsein, sondern ein *personhafter* Gott: eine Person in weit, weit größerem Sinne selbstverständlich, als der Mensch Person ist, aber nicht von geringerer Art als diese höchste Daseinsform in seiner Schöpfung. Es ist ein Gott, der bewusst und willentlich handeln und sich in Freiheit von Ich zu Du den geschöpflichen Personen zuwenden kann. Für das Erste wie für das Neue Testament ist er ein Gott, der in seinem ganzen Wesen *Liebe* (griech.: *Agape*) ist.

Frage ich also nach dem *Wirken* des so verstandenen Gottes, kann ich aus gläubiger und theologischer Sicht auf jeden Fall sagen: *Gott wirkt die Welt* – er hat alles, was da ist, unser gesamtes Universum, ins Dasein gesetzt und erhält es im Dasein.

Aber wirkt Gott auch *an* der Welt, die er gewirkt hat? Wirkt er auch *in sie hinein*? Ja *kann* er überhaupt in sie hineinwirken?

Die Antwort lautet zunächst einmal: Nein, Gott kann nicht in die Welt hineinwirken. Aus guten naturwissenschaftlichen wie auch theologischen Gründen:

Die für uns erkennbare Welt, das Universum, hat aus biblischer und heute auch aus naturwissenschaftlicher Sicht einen Anfang, und seit diesem Anfang, den wir „Urknall" nennen, hat sie Gesetze und Konstanten, nach denen alles geschieht, was in der Welt geschieht. Selbst Raum und Zeit sind bereits Wirkungen dieser im Urknall entstandenen Gesetze und Naturkonstanten.

Nichts im gesamten Universum geschieht ohne oder gar gegen die uns bekannten (und noch nicht bekannten) Gesetze der Natur. Für ein Eingreifen „von außen" ist da – allem Anschein nach – kein Platz.

Hinzu kommt: Wenn die Welt von Gott erschaffen wurde, ist Gott auch der Grund dafür, dass es diese Naturgesetze gibt. Gott ist die „Erstursache" aller Ursachen, sagt die christliche Theologie mit Aristoteles (384–322 v. u. Z.) und Thomas von Aquin (1225–1274): die Ursache dafür, dass die innerweltlichen Ursachen, die „Zweitursachen", überhaupt wirken können. Das würde auch gelten, so wäre heute zu ergänzen, wenn der Anfang unseres Universums durch Vakuumfluktuationen oder andere denkbare Vorgänge in einem – theoretisch (!) durchaus möglichen – Multiversum verursacht worden wäre. Die Frage nach dem Grund von allem würde sich dann lediglich noch weiter „zurück" verschieben. Gott als der Urgrund des Daseins wäre dann auch die „Erstursache" des Multiversums, denn mit „Gott" ist ja die Wirklichkeit gemeint, die *alles* ins Dasein gesetzt hat, was außer Gott da ist.

Mehr noch: Mit der Erschaffung alles Erschaffenen hat Gott dem Universum eine *eigenständige Existenz* gegeben – und damit auch die *Freiheit zu eigengesetzlichem Wirken*. Aus freien Stücken hat er seine göttliche Freiheit und Wirkmacht eingeschränkt, um seiner Schöpfung – und darin dem Menschen – ebenfalls Freiheit und Wirkmacht zu ermöglichen; in der jüdischen Theologie wird diese Selbsteinschränkung Gottes seit dem 16. Jahrhundert „Zimzum“[2], Gottes *Selbstzurücknahme zugunsten seiner Schöpfung*, genannt.

Hat Gott aber eine solche Welt gewollt, dann *kann er nicht* in ihr eigengesetzliches Wirken eingreifen. Er ist weder der „intelligente Designer“, der die einzelnen Schritte in der kosmischen und biologischen Evolution durch einen Eingriff in das innerweltliche Ursache-Wirkungs-Geschehen jeweils eigens herbeigeführt hat, noch der Aufpasser und Polizist, der bestimmte Schritte und Entwicklungen verhindern könnte. Er kann auch nicht in die Ursachenketten eingreifen, durch die der Mensch, der Teil dieser Schöpfung ist, in Freiheit die Geschichte seines Lebens und die Geschichte der Menschheit gestaltet. Gott kann weder gegen die Naturgesetze noch gegen den Willen des Menschen handeln – mit der Erschaffung seiner Schöpfung hat er diese Möglichkeit in göttlicher Freiheit aus der Hand gegeben. Zusammengefasst mit den Worten des katholischen Theologen Hans Kessler (geb. 1938), der sich ein Leben lang mit dem Verhältnis von Gottesglaube, Naturwissenschaft und Geschichte auseinandergesetzt hat: „Gott ist die Erstursache, d. h. der ständige, transzendental ermöglichende, wirksame Grund (die causa prima) dafür, dass überhaupt endliche Kräfte wirken können; aber er legt diese nicht fest, sie wirken selbst und autonom aus sich selbst, entsprechend den in ihnen liegenden Möglichkeiten (Eigenwirken als causae secundae, als Zweitursachen)."[3]

Gott ist also nicht „allmächtig" im herkömmlich verstandenen Sinne des Wortes – als würde er „alles machen" können, was er wollte, und in das Weltgeschehen eingreifen können auch gegen die Gesetze der Natur. Gott ist der „*Allein*-mächtige", sagt die Bibel vielmehr; gemeint ist: Da Gott der *Urgrund* der Welt ist und es ja nur *einen* Urgrund von allem geben kann, ist er der „pantokrator" – so das griechische Wort dafür in der Bibel[4] –, der „über *alles* Regierende", der *keine anderen göttlichen Mächte neben sich oder gar über sich hat.*[5] Das ist auch die ursprüngliche theologische Bedeutung des lateinischen Wortes „omnipotens" im Credo der Christenheit, das im Deutschen mit dem – heute missverständlichen – Wort „allmächtig" wiedergegeben wird. Wenn wir von der „Allmacht" Gottes sprechen, ist also immer auch seine „Ohnmacht" gegenüber seiner Schöpfung mitzudenken: seine Machtlosigkeit, auf die er sich aus Liebe zu ihr eingelassen hat.

Fazit: Gott kann nicht in die Welt hineinwirken, auch dann nicht, wenn wir ihn inständig darum bitten.

Oder doch? Könnte sich eine andere Antwort aus dem lateinischen Begriff *creatio continua* herleiten lassen? Er geht auf die Theologen der ersten christlichen Jahrhunderte zurück, die damit sagen wollten: Die Erschaffung der Welt geschieht *fortwährend* („kontinuierlich"). Denn da Gott selbst nicht Teil der Welt ist und also nicht in der Zeitdimension existiert, erschafft er die Welt, von *uns* her betrachtet, *in jedem Moment* der Zeit.

Wäre dann aber nicht doch ein Eingreifen Gottes möglich, ein „Eingreifen", das zwar, von *Gott* her betrachtet, mit der Erschaffung der Welt im Schöpfungsakt identisch ist, aber von uns als Hineinwirken in den Zeitablauf der Welt erfahren wird?

Ein faszinierender Gedanke, auch wenn er meiner Reflexions- und Vorstellungskraft einiges abverlangt. Faszinierend zumindest auf den ersten Blick: Er würde erklären, warum Gott, von uns Menschen her gesehen, auch *jetzt* handelt. Aber schon auf den zweiten Blick stellt sich dann noch immer dieselbe Frage: Wie kann Gott das, ohne der Welt und ohne uns Menschen die Freiheit zu nehmen?

Es bleibt dabei: Gott kann nicht gegen die Gesetze der Natur, die er dem Universum mit auf den Weg gegeben hat, und nicht gegen den Willen des Menschen handeln. Er würde sonst die Welt und uns Menschen zu Marionetten machen, und damit nähme er, theologisch betrachtet, nicht nur uns und seiner Schöpfung die von ihm geschenkte Würde – ein solches Handeln widerspräche auch seinem Wesen, seiner nur als absolut denkbaren Liebe, zudem seiner Treue zu sich selbst und damit seiner *göttlichen* Würde.

In den Grundzügen weiß ich das alles schon seit meinem Theologiestudium in den 1970er-Jahren. Und doch lehren mich Erfahrung und Bibel noch etwas anderes: *Ja! Gott wirkt in die Welt hinein, er wirkt auch in mein Leben hinein!*

Wie lässt sich also das eine mit dem anderen zusammendenken? Wie *lässt sich* beides – das naturwissenschaftliche, theologisch reflektierte Wissen einerseits und die persönliche, biblisch bestätigte Erfahrung andererseits – miteinander in Einklang bringen?

Gott wirkt die Welt – in jedem Moment. Das jedenfalls kann ich erst einmal festhalten. Und das bedeutet für mich: Was auch immer geschieht, im Großen wie im Kleinen – *Gott ist da*. Er wird immer da sein, in jedem Augenblick. Und dass die Welt da ist und darin auch wir, verdanken wir ihm.

Aber, noch einmal: Kann Gott auch *an* der Welt wirken und *in* der Welt? Wenn ja, dann wäre das nur möglich, indem er *mit* den Menschen und *mit* den Naturgesetzen handelt – er somit also weder die Naturgesetze durchbricht noch den Willen des Menschen bricht.[6]

Das wäre eine Erklärung. Sie würde ganz und gar der Erfahrung entsprechen: dem *Staunen* darüber, welche „Wunder" in der Welt geschehen, von der überaus erstaunlichen „Feinabstimmung" in der kosmischen und biologischen Evolution bis hin zu den tagtäglichen „Fügungen" in meinem Leben. Und sie würde der Bibel entsprechen, denn auch in ihr geht alles „wunder"-bare Eingreifen Gottes mit natürlichen Dingen zu.

Schaut man nämlich genauer hin, agieren weder die Propheten noch Jesus und später seine Apostel gegen die Gesetze der Natur. Wenn es zum Beispiel heißt, Elija habe mit Gottes Hilfe bewirkt, dass der Mehltopf einer armen Witwe nicht leer wurde und ihr Ölkrug nicht versiegte (1 Kön 17,16), oder Jesus habe fünf Brote und zwei Fische zu Brot und Fisch für Tausende „vermehrt" (Mk 6,30–44 u. par.), ja auf Befehl des Josua sei gar die Sonne am Himmel stehen geblieben (Jos 10,12–13), dann sind das *bildhafte*

Erzählungen – mit einem tiefen Aussagesinn natürlich –, nicht Berichterstattungen über reale Ereignisse. Zudem werden dafür weder im Ersten noch im Neuen Testament Worte benutzt, die der heutigen Bedeutung von „Wunder“ – als Durchbrechung oder zeitweilige Aufhebung von Naturgesetzen – entsprächen. Vielmehr sagen die Evangelien von Jesus, dass er *„Staunens- und Bewundernswertes“* (griech.: thaumásion) wirke und *„kraftvolle Taten“* (griech.: dynámeis) durch ihn geschehen, die zu *„Zeichen“* (griech.: semeía) der Gegenwart Gottes werden können; dieselben Worte, entsprechend in hebräischer und aramäischer Sprache, benutzen auch die Autoren des Ersten Testaments.[7] Die neue deutsche Einheitsübersetzung (von 2016) vermeidet daher, im Unterschied zu früheren deutschen Bibelübersetzungen, so weit wie möglich die Wiedergabe dieser Worte mit „Wunder“.

Der katholische Neutestamentler Thomas Söding (geb. 1956) bemerkte erst unlängst: Es war „ein schwerer theologischer Fehler der christlichen Apologetik, Wunder als Durchbrechung der Naturgesetze und als Beweise für die Göttlichkeit Jesu anzusehen“[8].

Die Erklärung für das, was die Autoren der Bibel meinen, wenn sie sagen, dass Gott in der Welt *handelt* – was, noch einmal gesagt, auch meiner persönlichen Erfahrung entspricht –, ist also nicht in der Frage zu suchen, ob und wie ein Eingreifen Gottes in die Eigengesetzlichkeit seiner Schöpfung möglich sein könnte. Die Aufmerksamkeit ist vielmehr auf die Frage zu richten, wie Gott *mittels* der Natur – *mit* den Naturgesetzen und *mit* den Menschen – in unsere Welt und in mein Leben hineinwirkt.

Dass Gott dies tatsächlich tut, erkennt man freilich nur auf den dritten Blick, der – im Staunen – mehr wahrnimmt als die naturwissenschaftlich orientierte Vernunft allein. Und dann hat Katja Ebstein recht: „Wunder gibt es immer wieder, heute oder morgen können sie geschehn.“[9]

Allerdings stellt sich bei all dem „Wunderbaren“ eine weitere Frage: Warum wirkt Gott *mit* den Naturgesetzen nicht *immer* nur „Staunenswertes“? Warum geschieht auch *all das so schrecklich Leidvolle* durch die Naturkräfte? Und warum auch *all das abgrundtief Böse* durch die Menschen? – Ich lasse *diese* Frage hier noch offen. Sie ist es wert, in einem der nächsten Leitsätze eigens angesprochen zu werden.

Zuvor will ich fragen: Was ist gemeint, wenn die Bibel sagt, dass Gott *„spricht“*? Haben sein „Handeln“ und sein „Sprechen“ gar etwas miteinander zu tun? Ist sein „Sprechen“ vielleicht sogar die Art und Weise, wie er *mittels* der Natur – *mit* den Naturgesetzen und *mit* den Menschen – in unserer Welt handelt?

2. Gott wirkt durch sein „Wort" – dort, wo es gehört wird

Wendungen wie „der HERR sprach", „da erging das Wort des HERRN an ...", „Spruch des HERRN" oder „der Engel [der Bote] des HERRN sprach" finden sich zuhauf in der Bibel – wobei das deutsche Wort HERR für das hebräische Originalwort JHWH (Jahweh) steht, für den Gottesnamen, dessen Bedeutung wir am besten mit ICH BIN DA und ICH BIN DER INS DASEIN SETZT wiedergeben können.

Gott „spricht" zu uns Menschen, er wirkt durch sein „Wort": Was mit dieser bildlichen Redeweise gemeint ist, kenne ich auch. Selbstverständlich höre ich Gott nicht akustisch reden; ich höre nicht Wörter und ich empfange auch keine für die Augen sichtbaren Visionen. Und doch kommt immer wieder, geradezu täglich und stündlich, ein „Wort" auf mich zu – mal von außen, mal von innen –, das mich an-„spricht": Gedanken oder auch Bilder, die mir etwas „sagen", was nicht das Ergebnis meines gezielten Nachdenkens und eigenen Schlussfolgerns ist; Empfindungen, die mich anrühren und in mir bewirken, dass sich meine Gefühle umstimmen und neu einstimmen; „Eingebungen" manchmal auch, die mir etwas vor Augen stellen, das ich selbst nicht im Blick hatte ... Es sind Impulse, die mich dazu bewegen können, über das hinaus zu denken, was ich gerade denke und empfinde. Sie lenken mich zum Guten oder Besseren hin, führen in die Weite ...

Gott spricht, sagt die Bibel immer und immer wieder, durch *Wahrheit*, die mich an-spricht und mein Denken bewegt, und durch *Liebe*, die mich an-rührt und meine Gefühle bewegt. *Das* ist Gottes Art zu „sprechen“. Und das kennt – als innere Erfahrung – *jeder* Mensch, auch Menschen, die sich nicht für religiös halten und es folglich nicht mit Gott in Verbindung bringen.

In der Bibel steht dafür häufig der Begriff *Weisheit* (hebr.: chokhma, griech.: sophia). Das deutsche Wort trifft recht gut, was damit gemeint ist: „Weisheit“ kommt von „weisen“, nicht von „wissen“ – Weisheit ist also etwas, das mich weiter-weist, mich unter-weist, mich auf etwas hin-weist, mich über Bisheriges hinaus-weist. Am treffendsten lässt sich Weisheit daher mit „Weisung“ oder „weisende Wahrheit“ umschreiben. – Für den gottgläubigen Menschen hat sie ihre Quelle letztlich in Gott.

Auf Weisheit hören – auf den „Geist der Weisheit“, wie es in beiden Teilen der Bibel des Öfteren heißt – ist geradezu die *Grundaktivität* im Glaubensleben, zu der die Autoren des Ersten wie des Neuen Testaments hinführen wollen.

Aber können solche Erfahrungen tatsächlich etwas mit Gott zu tun haben? Und wiederum: Wie kann ich das meinem Verstand plausibel machen?

Sehr detailliert hat darüber schon Johannes vom Kreuz (1542–1591) nachgedacht. Dass Gott zu uns „sprechen" und der Mensch sein „Wort" hören kann, erklärt er sich als Theologe des 16. Jahrhunderts so:

Die *Vernunft* (span.: intelecto) – in der philosophischen Ausdrucksweise der Jahrhunderte vor Immanuel Kant (1724–1804) das Wahrnehmungsvermögen des Menschen (lat.: intellectus) – kann auf drei Wegen Wirklichkeiten *ver-nehmen*, die dann mit dem Verstand (span.: razón, lat.: ratio) reflektiert und zu Erkenntnissen verarbeitet werden: auf dem „natürlichen", dem „übernatürlichen" und dem „mystischen" Weg. Auf jedem dieser drei Wege lässt sich auch das „Wort", das Gott „spricht", die Weisheit, die von Gott kommt, vernehmen.

(1.) „*Natürlich (natural)*" nennt Johannes vom Kreuz jene Art der Wahrnehmung, bei der die Vernunft eine Wirklichkeit über die *äußeren Sinne* vernimmt, über die Augen und Ohren vor allem, heute erweitert durch technische Instrumente, mit denen wir die Welt bis in den Makrokosmos und den Mikrokosmos hinein erkunden können.

Sie fungieren als „Fenster der Seele“, so kommentierte später Edith Stein, „durch die der Geist hinausguckt [...], um in die Welt hineinzuschauen.“[10] Auf diesem natürlichen Weg können wir das „Wort“ Gottes zumindest *vermittelt* vernehmen: vermittelt durch Menschen, die uns eine Weisheit weitersagen; durch Texte, die wir lesen, nicht zuletzt biblische Texte, in denen Weisheiten, die Menschen empfangen haben, Schrift geworden sind; durch „die Geschöpfe“, von denen Johannes vom Kreuz sagt, Gott „ließ in ihnen eine Spur von dem zurück, wie er ist“[11]. – Und was wir da „hören“, will und kann uns dazu anregen und bewegen, entsprechend zu *handeln*. Hier „handelt“ Gott also nicht *gegen* die Naturgesetze und die Freiheit des Menschen, sondern *mit* uns Menschen und *durch* die Geschöpfe in die Welt hinein.

Vor allem ist uns Gottes „Wort“ vermittelt und auf natürliche Weise zugänglich in Jesus von Nazaret. In seiner Person ist, wie es im Johannesevangelium heißt, „das Wort [...] Fleisch geworden und hat unter uns gewohnt“ (Joh 1,14). Für die Menschen, die ihn damals erlebten, war er geradezu das Wort Gottes zum Anfassen. – Hans Kessler, dessen Schriften mich zu diesem Buch inspiriert haben und aus denen ich noch öfter zitieren werde, hat das theologisch so auf den Punkt gebracht:

> In einzigartiger Konzentration und Definitivität begegnet [uns] solches durch menschliche Akteure [...] vermittelte innovatorische Gnaden- und Heilshandeln Gottes dann in der Gestalt und Geschichte Jesu von Nazaret. Wo dieser Mensch handelt, braucht Gott nicht unvermittelt einzugreifen, weil er vermittelt durch dessen menschliche Freiheit und Liebe handeln kann. [...] Im lebendigen Zeugnis seiner Jünger und Gemeinden wird dieses alles entscheidende, weil endgültige innovatorische Handeln Gottes durch Jesus weitergetragen: in den menschlichen Worten, Zeichenhandlungen und in den Taten der Diakonie, die als Wirken seines Geistes zu verstehen sind.[12]

Johannes vom Kreuz würde Hans Kessler nur zustimmen können, wie allein schon ein Abschnitt in seinem Werk AUFSTIEG AUF DEN BERG KARMEL[13] zeigt, den der Schweizer Theologe Hans Urs von Balthasar (1905–1988) die „Rede Gottvaters an den Menschen"[14] nannte; einleitend lässt dort Johannes vom Kreuz Gott sagen:

> Wenn ich dir doch schon alles in meinem WORT, das mein Sohn ist, gesagt habe und

> kein anderes mehr habe, was könnte ich dir jetzt noch antworten oder offenbaren, was mehr wäre als dieses ...[15]

(2.) Auf dem *„übernatürlichen (sobrenatural)“* Weg vernehmen wir alles, was uns über die *inneren Sinne* erreicht, denn auch sie sind, so Johannes vom Kreuz, „Tür und Eingang zur Menschenseele“[16]. Gemeint sind jene Wahrnehmungen, die dem Menschen, wie er schreibt, „por sugestión“[17] zukommen: durch eine „comunicación de espíritu“[18], eine beiderseitige *Kommunikation „von Geist zu Geist“*[19]. Johannes vom Kreuz denkt hier zunächst an die Engel und die Heiligen[20], an die Boten Gottes also und an die Verstorbenen, die als von Gott Auferweckte jetzt in der Daseinsform Gottes leben. Auch sie können uns – so wie Gott selbst (s. u.) – von Geist zu Geist etwas mitteilen, um es „dem Erkenntnisvermögen anzubieten“[21].

Das klingt plausibel, zumal wir ja auch von Mensch zu Mensch auf diese Art zu kommunizieren in der Lage sind, wenn wir uns ineinander einfühlen und ganz ohne Worte verstehen. Warum sollte es dann nicht ebenso zwischen dem Menschen und rein geistig existierenden – auch in diesem Sinne „übernatürlichen“[22] – Personen möglich sein?! Warum sollte Gott nicht auch durch seinen „Hofstaat“, wie Teresa von Ávila sagt[23], sein

„Wort" – wiederum *vermittelt* – an uns richten ... In den Engeln sehe ich zwar, der heutigen bibelwissenschaftlichen Deutung folgend, ein Bild, das eigentlich Gott selbst meint; auch der „Engel des HERRN" ist der HERR, der ICH BIN DA selbst. Aber dass die Verstorbenen uns von Gott her nahe sind und uns von Geist zu Geist etwas „sagen" können – so wie auch Jesus als der Auferstandene, jetzt bei Gott Lebende –, das kann mein Verstand gut nachvollziehen; es erklärt meine persönliche Erfahrung und entspricht zudem der christlichen Glaubensauffassung und Glaubenspraxis von Frühzeit an.

Eine solche übernatürliche Mitteilung *von göttlichem Geist zu menschlichem Geist*, auch wo sie durch bei Gott lebende rein geistige Personen vermittelt ist, erfahren wir so, wie ich es oben zu beschreiben versuchte: als „Eingebung" von Gedanken, Empfindungen oder Bildern, möglicherweise auch als eine innere Vision oder Audition, als Ahnen, Erspüren, „Schauen" und Gewahrwerden einer Wahrheit, als Impuls zum Guten, zur Friedfertigkeit, zur Achtung voreinander, zum Lieben. So, von Geist zu Geist, kann Gott durch Weisheit, durch weisende Wahrheit zu mir „reden", mit seiner Liebe meine Liebesfähigkeit wecken und mich zum Guten motivieren.

„Auf diese Weise", schreibt Johannes vom Kreuz, „zeigt Gott dem Menschen [...] viele Dinge und lehrt ihn viel Weisheit, wie man auf Schritt und Tritt in der Heiligen Schrift sieht.“[24] Und damit will er nicht nur sagen, dass die Heilige Schrift „Wort Gottes“ ist, weil sie – geradezu kompakt – auf „übernatürliche“ Weise empfangene Weisheit Gottes enthält. Er betont damit zugleich, dass Gott „dem Menschen“, nämlich *jedem* Menschen, auch heute „viele Dinge zeigt und ihn viel Weisheit lehrt“ – auf die gleiche Weise wie damals den Autoren der Bibel: Für Johannes vom Kreuz enthält die Bibel nicht nur Gottes Wort, sondern sie lehrt uns auch, wie *jeder* Mensch Gottes Wort *vernehmen* und es hören kann. – Und auch hier gilt: Was wir da „hören“, kann uns dazu anregen und bewegen, entsprechend zu *handeln*. Auf diese Weise „handelt“ Gott also *mit* uns Menschen und *durch* uns Menschen in die Welt hinein.

(3.) „Allerdings“, so Johannes vom Kreuz, „macht sich Gott nicht nur dieses Mittel zunutze, um den Menschen zu unterweisen.“[25] Denn „da er wesenhaft in ihm [im Menschen] wohnt“[26], kann er auch *selbst*, also *ohne Vermittlung*, zu uns „sprechen“. „*Mystisch (místico)*“ nennt Johannes vom Kreuz diese Art des Hineinwirkens Gottes in den Menschen. Hierbei kommt Gottes „Wort“ der menschlichen Vernunft nicht durch die äußeren oder die inneren Sinne entgegen – es hat seine Quelle vielmehr, so schreibt er, „in der Substanz der Seele“[27], im eigentlichen, tiefsten Wesenskern des Menschen: dort im Inneren, wo Gott und Mensch, Schöpfer und Geschöpf, *immer* – geradezu „naturgemäß“, in einer „unión natural“[28], ohne die selbst der „größte Sünder der Welt“[29] nicht existieren würde – miteinander verbunden sind. Dort, an diesem Berührungspunkt zwischen dem göttlichen Wesen und dem menschlichen Wesen, ist die *Schnittstelle zwischen dem göttlichen und dem menschlichen Geist.* Hier geschieht die Kommunikation von Geist zu Geist geradezu „wesenhaft (sustancial)“[30]: von der „Wesenheit Gottes in die Wesenheit der Seele“ hinein (sustancia de Dios en sustancia del alma[31]).

Was Gott auf diesem Weg in mich „hineinspricht“, wird nicht als „Eingebung“, sondern eher als *„Erleuchtung“* erfahren: Es kommt wie aus mir selbst, als gehöre es schon immer zu meinem innersten Wesen und trete nun lediglich ins Licht.

Nur auf diesem Weg kann auch, so Johannes vom Kreuz, eine „Selbstmitteilung Gottes“[32] geschehen – wie ein „Erwachen Gottes in der Seele“[33], oder richtiger (hier korrigiert er sich sogleich): wie wenn „die Menschenseele [...] aus dem Schlaf erwacht“[34]. Nur auf dem mystischen Weg, *nur* auf diesem, kann Gott mir „aufgehen“ lassen, dass er da ist und wer er ist – und wer ich bin und wofür zu leben ich von ihm, *von ihm selbst*, be-„rufen“ bin. – Blaise Pascal (1623–1662), der geniale Mathematiker, Erfinder der Wahrscheinlichkeitsrechnung und Konstrukteur von Rechenmaschinen, wird ein Jahrhundert später sagen: „Es ist das Herz, das Gott spürt, und nicht der Verstand. Das Herz hat seine Gründe, die der Verstand nicht kennt.“[35]

Johannes vom Kreuz, dem 1926 der Rang eines Kirchenlehrers der christlichen Mystik zuerkannt wurde, lehrt die Kirche, dass Glaubensunterweisung nicht nur darin bestehen darf, den Menschen Glaubenswissen beizubringen. Katechese und Predigt sollten ihnen auch zeigen, wie *sie selbst* auf Gott achten und *selbst* sein „Wort“ hören können. Glaubensunterweisung sollte *mystagogisch* sein, d. h. zur eigenen mystischen Wahrnehmung hinführen: zum „Erwachen“ der Seele aus ihrem Schlaf ...

Alle drei Wege, der „natürliche“, der „übernatürliche“ und der „mystische“, gehören selbstverständlich zusammen. Sie ergänzen einander und bedingen einander; nur in der nachträglichen Reflexion lassen sie sich unterscheiden. Worauf es ankommt, ist, für alles wach zu sein, was Geist und Seele an-spricht als Impuls zum Guten, und diesem Impuls dann zu folgen. Es ist mehr als „erstaunlich", wie sich die Dinge dann „fügen" und das Wirken Gottes zu einer realen Erfahrung wird.

Und solche Impulse haben durchaus nicht nur religiösen oder spirituellen Inhalt, sie können alle Bereiche des alltäglichen Lebens betreffen, unsere Beziehungen zueinander, unsere Nöte und unsere Sorgen in der Familie, in der Gesellschaft, in der Politik, in der Kirche, in meinem Ordenskonvent ...

Eine Leserin unserer geistlichen Quartalsschrift KARMEL*impulse* hat diese Erfahrung so zum Ausdruck gebracht:

> Einmal wurde mir eine Frage gestellt, eine sehr wichtige,
> und es kamen mir die richtigen Worte in den Sinn –
>
> einmal, da hab ich meinen Kummer ins Gebet gebracht,
> und ich fühlte mich aufgehoben –
>
> einmal stand ich mitten in wuchernden, blühenden Sträuchern,
> und war überwältigt von Gottes Großzügigkeit –
> einmal, da hatte ich einen schweren Weg zu gehen,
> und fühlte mich in den Arm genommen –

einmal, da hab ich meinen Zorn in Gottes
Hand gelegt,
und habe Frieden gefunden –

einmal, da stand ich staunend am Meer,
und ich habe etwas von Gottes Größe und
Kraft geahnt –

einmal, als ich mit meinen Kräften zu Ende
war, da standen mir unerwartete Helfer zur
Seite;
da ist mir etwas unter die Haut gegangen –

und ich ahne, was es heißt:
DU bist da – mitten in meinem Leben.[36]

Es gibt also tatsächlich einen Zusammenhang zwischen Gottes „Handeln“ und Gottes „Sprechen“ – und damit also doch eine Möglichkeit für Gott, in die Welt hineinzuwirken, ohne dabei in die Eigengesetzlichkeit der Natur einzugreifen: *Gott kann in die Welt hineinwirken von Geist zu Geist, von göttlichem Geist zu menschlichem Geist.*

Das ist nicht *auch* eine, sondern *die* Art und Weise, ja *„die eigentliche und eigentümliche Weise Gottes zu wirken“*[37], sagt Hans Kessler.

Der Theologe erinnert dabei – in seinen Büchern immer wieder – an eine jüdische Erzählung, in der es heißt: „Gott wohnt in der ganzen Welt, aber eigentlich wohnt Gott dort, wo man ihn einlässt." Wo Menschen Gottes Geist in sich einlassen, will Hans Kessler damit sagen, wo also Gottes Geist-Sprache der Weisheit und der Liebe gehört wird, dort kann Gott in der Geschichte *handeln*. Durch uns Menschen. So, wie er durch Jesus handelte. Mit Hans Kesslers eigenen Worten:

> Überall dort in der Welt, wo Menschen das möglich wird, wozu sie von Haus aus nicht neigen, nämlich nicht egoistisch nur bei sich selbst zu bleiben, sondern sich auch zu übersteigen und Menschen für andere zu werden, handelt Gott durch Menschen.[38]

Und so kann ich mir dann auch erklären, warum sich immer wieder „die Dinge zum Guten fügen": Wenn Menschen das verwirklichen, wozu sie der Geist Gottes mit seinen Impulsen der Weisheit und Liebe inspiriert, dann verändern sie Situationen und Prozesse und schaffen neue Realitäten; dann zeigen sich – manchmal tatsächlich in letzter Minute – neue Wege und neue Möglichkeiten ...

Das heißt freilich auch: Wo Menschen Gottes Geist *nicht* in sich einlassen, wo sie auf die Impulse der Wahrheit und der Liebe *nicht* achten oder sie zugunsten ihrer eigenen Pläne zur Seite schieben, da kann Gott *nicht* handeln – da bestimmen andere „Geister“ die Weltgeschichte, die Kirchengeschichte, das Klima des Arbeitsteams, die persönliche Lebensgeschichte innerlich und äußerlich ...

Wie anders wäre unsere Welt, wenn ein paar mehr Menschen – und jeder von diesen paar Menschen ein bisschen öfter – Gottes Impulse in sich einlassen und ihr Handeln danach ausrichten würden ...

Doch: Spricht Gott nur zu uns *Menschen*?

3. Gott lockt die Welt, in seinem Sinne zu wirken – selbst das kleinste Quantenteilchen

Einige Wissenschaftler sind heute der Auffassung, dass die physische Natur im Bereich ihrer kleinsten Bausteine, der Quantenteilchen, in Geist übergehe und letztlich alles Physische und Materielle „geronnener Geist" sei. Auch der deutsche Physiker Hans-Peter Dürr (1929–2014) vertrat diese These. Doch die meisten Naturwissenschaftler lehnen sie ab; sie sehen darin, wie die Mehrheit der Theologen auch, eine rein subjektive pantheistisch-esoterische Deutung der quantenphysikalischen Erkenntnisse. Wäre sie wahr, läge es natürlich nahe, ein Wirken Gottes nicht nur in den Geist des Menschen hinein, sondern auch in den (vermeintlichen) Geist eines *jeden* Geschöpfes hinein für möglich zu halten – ein verführerischer Gedanke für religiöse Menschen ...

Wahr ist – aus theologischer Sicht –, dass jedes Geschöpf, auch jedes Quantenteilchen, mit Gott verbunden ist: „wesenhaft", wie Johannes vom Kreuz sagt (s. S. 32), aber *ohne mit Gott identisch zu sein*. Gott ist Gott, und die Welt ist die Welt; Gott ist der Schöpfer, die Welt ist seine Schöpfung – beide sind von je eigener Daseinsart. Doch ohne Gott wäre die Welt nicht, und ohne Gott bliebe sie nicht: Von ihrem Anfang im Schöpfungsakt an und in jedem Moment und an jedem Punkt ihres Daseins in Zeit und Raum ist sie mit ihrem Urgrund verbunden. Insofern gibt es tatsächlich *eine „Schnittstelle" zwischen Gottes Geist – und jedem Stein*, auch wenn ein Stein kein Bewusstsein hat, das Gottes Geist so „einlassen" könnte, wie ein Mensch ihn einlassen kann.

Für den Münchner Jesuiten und Philosophieprofessor Godehard Brüntrup (geb. 1957) zum Beispiel ergibt sich auch daraus „ein alternativer Weg, wie Gott in der Welt wirken könnte": nicht als „mechanischer Beweger", aber als „geistiger Attraktor"[39]. Gott greift zwar nicht, betont er, in die Ursache-Wirkungs-Kette der Naturgesetze ein, aber die *Idee*, nach der Gott die Welt geschaffen hat, und die *Vision*, die er von ihrer Zukunft hat, stecken zutiefst in ihr drin und wirken so „attraktiv", so „anziehend" auf sie, dass sie sich – in bleibender Freiheit – in seinem Sinne entwickeln kann. Genauer ausgedrückt: „[Gott ist] nicht der Widerpart der Naturgesetze, sondern derjenige, der sie allererst ermöglicht, weil er der Natur eine geistig-mathematische Ordnung anbietet, die sie in Selbstorganisation ergreift. [...] Sein Handeln ist feiner, geistiger als das, was man sich naiv unter Gottes Handeln vorstellt. Gott ist weder ein wundertätiger Handwerker in der Welt noch der Uhrmacher, der die Weltenuhr aufzieht und diese dann sich selbst überlässt. Gott ist in jedem Moment der Selbstorganisation der Natur in ihr wirksam und eröffnet ihr neue Möglichkeiten."[40]

Gott wirkt also in die Welt hinein, so der Jesuit, „im Modus des Angebotes von schönen und guten Möglichkeiten", er „verlockt zur Selbstüberbietung, die sich in der freien Heldentat des Widerstands gegen die Schrecken von Auschwitz ebenso zeigen kann wie in einer spontanen Selbstheilung eines kranken Organismus oder in der Schönheit des Vogelgesangs".[41] – Mit seinem Ordensgründer Ignatius von Loyola (1491–1556) kommentiert er:

> Wenn man diese Weise des Wirkens in der Natur als ganzer annimmt, in jedem Elementarteilchen und in jeder Zelle, dann wird man beginnen „Gott in allen Dingen zu finden" (Ignatius von Loyola).[42]

Und er zitiert den britischen Philosophen und Mathematiker Alfred North Whitehead (1861–1947), dessen Hauptwerke auch zur Grundlage der sogenannten Prozesstheologie geworden sind: „Gott [...] ist der Poet der Welt, mit zartfühliger Geduld leitet er sie durch seine Vision von Wahrheit, Schönheit und Güte."[43] Sein Plädoyer für ein solches Verständnis vom Handeln Gottes fasst Pater Brüntrup mit den Worten zusammen:

> [Gott] wirkt aus der Zukunft in die Gegenwart, er ermöglicht der Welt die Selbstentfaltung in die Zukunft. Aber er zeichnet die Bahnen der Zukunft nicht vor. Er ermöglicht, lädt ein, bietet an, lockt. Gott wirkt in der Welt durch seine Appelle an die Freiheit der Kreatur und an die Selbstorganisation der Natur; nicht ohne diese, vielmehr durch sie und in ihr.[44]

Dass Gott auch das kleinste Quantenteilchen mit seiner Schönheit – die Bibel sagt: „Herrlichkeit" – lockt, es einlädt, ihm das Angebot „schöner und guter Möglichkeiten" macht: Ja, das leuchtet mir ein. Wie sollten denn Gottes „Wahrheit, Schönheit und Güte", die unser menschlicher Geist bewusst vernehmen kann, nicht auch alle vor-bewussten Geschöpfe „hören" können! Schließlich „ließ [Gott] in ihnen eine Spur von dem zurück, wie er ist" (Johannes vom Kreuz, s. o.), selbst in jedem Stein! – Dazu wieder Hans Kessler:

> […] da ist eben noch „etwas", das der Alltagserfahrung, dem wissenschaftlichen Zugriff und dem Räsonieren entgeht, das den Menschen – an seinem Machen und Schlussfolgern vorbei – aus der Tiefe (in uns, um uns, im Herzen der Materie) anschweigt, manchmal auch anspricht (durch Zeichen, Winke, Anrufe, Konstellationen, Nadelöhre in der Entwicklung usw.): ein in allem Anwesendes und Wirkendes, ein Anderes, ein Mehr, eine intime Präsenz.[45]

Ich darf also meiner Erfahrung trauen, dass Gott in der Welt, ja auch in meinem Leben, handelt und spricht. Auch wenn ich, wie schon im Vorwort gesagt, nicht bis ins Letzte ergründen kann, wie das möglich ist – meinem Verstand darf ich es so erklären: Gott ist da. Er war nicht nur am Anfang da, er ist auch jetzt da; jedes kleinste Quantenteilchen hat einen „Berührungspunkt" mit seinem Geist. Er lockt, ohne dabei „handgreiflich" zu werden, seine Schöpfung, sich in seinem Sinne in Bewegung zu setzen und in Bewegung zu bleiben: Uns Menschen lockt er durch seine Impulse der Weisheit und Liebe *in unseren menschlichen Geist hinein* zum Handeln in seinem Sinne; seine vormenschlichen Geschöpfe lockt er *allein schon durch seine Anwesenheit*, sich auf das Ziel hin zu entwickeln, für das er die Welt geschaffen hat und fortwährend schafft.

Aber das Leid! All das Leid in Gottes Welt! – Spätestens jetzt muss ich auch darauf zu sprechen kommen.

4. Gott wirkt nicht das Leid, er wirkt *im* Leid – und indem er leidet und mitleidet

Warum, wie gesagt, wirkt Gott *mit* den Naturgesetzen nicht *immer* nur „Wunderbares" und „Staunenswertes"? – wenn er doch als „geistiger Attraktor" (s. o.) im kleinsten Quantenteilchen gegenwärtig ist. Warum geschieht auch all das schrecklich Leidvolle durch die Naturkräfte? Und warum all das abgrundtief Böse durch die Menschen? – wenn er sie doch von Geist zu Geist zum Guten bewegen kann ...

Ja, diese Fragen drängen sich auf. Auch mir. Und auch einem so klar denkenden Theologen wie Hans Kessler. „Was ist z. B. mit den vielen Kindern und jungen Leuten", schrieb er mir in einem persönlichen Brief, „die auf Abwege geraten? Wenn ich an sie denke, wie kann ich dann bei mir Privilegiertem von Fügung Gottes sprechen? ... Gott wirkt mit den Naturgesetzen und mit den Menschen, ja; aber was ist mit den Putins, mit denen, die mittels weitreichender Raketen Menschen und ihre Heimat zerstören? ... Und verhindern wir *alle* (!) nicht fortwährend, dass Gott in sehr, sehr vielen anderen Menschen gar nicht wirken kann, weil wir sie daran hindern, dass sie sich ihm öffnen können: die (ver-)hungernden, (ver-) durstenden, um kleinste Chancen in ihrem Leben betrogenen? – Sie sehen, meine Fragen laufen immer wieder auf das Gleiche hinaus: Wo bleibt Gott da, wo wirkt er da, wie spricht er da? Ist es nicht so, dass er da leidet, und zwar abgründig tiefer als seine Geschöpfe, in denen er doch zutiefst anwest?"

Ein ganzes Heer namhafter Theologen und Religionsphilosophen denkt seit Jahrhunderten darüber nach, wie die Frage nach Gott und dem Leid beantwortet werden könnte. Das Ergebnis ihrer Überlegungen lässt sich, auf unser Thema bezogen, kurz und knapp so zusammenfassen:

Wenn Gott die Welt wollte und in dieser Welt ein Wesen, das – wie er – zum Lieben, zur *Agape* fähig ist, dann musste er dem Menschen die Möglichkeit geben, sich in Freiheit und Schritt um Schritt als ein solches Wesen zu verwirklichen, ja sich als ein solches Wesen selbst zu wollen. Das jedoch setzt voraus, dass Gott der *gesamten* Schöpfung, deren Teil der Mensch ist, Eigenständigkeit und Freiheit geben musste. Er hat sie als eine „Welt im Werden" ins Dasein setzen müssen, als eine eigendynamische und evolutive Welt, in die er nicht intervenierend und korrigierend eingreifen will und kann. Um der Freiheit und Würde seiner Schöpfung willen nimmt Gott sogar in Kauf, schreibt Hans Kessler, dass „nicht erst der Mensch", sondern „auch die vormenschliche Natur seltsame Wege [geht], die nicht immer die Wege des Schöpfergeistes sein müssen".[46]

In einem sehr bekannten Bild, mit dem der Malerpfarrer Sieger Köder (1925–2015) die Schöpfungserzählungen der Bibel illustrierte, kommt diese Gottes- und Weltsicht recht anschaulich zum Ausdruck: Gottes Hände setzen die Welt ins Dasein, entlassen sie zugleich in die Freiheit eigenständiger Entwicklung und tragen sie dennoch in jedem Augenblick; aber auch das biblische Symbol für alles Leidvolle und Böse, die Schlange, fehlt nicht, was ein Bildausleger mit den Worten kommentierte: „Von Anfang an war also der ‚Wurm' drin!"[47]

Das Leid – das „physische", das durch die Natur hervorgebracht wird, wie auch das „moralische", das der Mensch verursacht – ist, so formulierten Theologen und Literaten des 19. und 20. Jahrhunderts, der „Preis der Freiheit", ja der „Preis der Liebe".[48] Gott, sagten sie, hat diesen Preis uns zugemutet. *Und sich selbst!* – Aber ist der Preis nicht gar zu hoch, fragten sie zugleich.[49] Hätte Gott dann nicht besser auf die Erschaffung der Welt verzichten sollen? Und diese Frage war auch mit dem Hinweis nicht beantwortet, Gott hätte dann, wie Friedrich W. J. Schelling (1775–1854) in seiner philosophischen Freiheitsschrift von 1809 resümierte, von vornherein vor dem Bösen kapituliert; es hätte dann im Herzen Gottes selbst „das Böse über das Gute und die Liebe gesiegt".[50]

Sicher ist, dass es die *Natur* ist, die Leid verursacht: Die Kräfte und Gewalten, die im gesamten Universum und auf dem Planeten Erde wirken, ermöglichen die Existenz und die Evolution des Lebens, sie ermöglichen auch unser menschliches Leben, aber sie bewirken für uns und unsere Mitgeschöpfe auch Unheil und unsägliches Leid. Und sicher ist, dass es der *Mensch* ist, der sich und anderen Leid zufügt, ja der viele Naturkatastrophen selbst herbeiführt und die Welt in die Situation gebracht hat, in der sie sich heute befindet. – In *Gott* die Ursache des Leids und des Bösen zu sehen, ist deshalb ihm gegenüber schlicht und einfach ungerecht. Gott ist der Schöpfer, nicht die Schöpfung, nicht die Natur und nicht ein Mensch. Und ein metaphysisches „böses Prinzip" anzunehmen, genannt Teufel oder Satan, dem Gott Einfluss auf die Welt gegeben hätte, ist ebenfalls eine unzulässige Erklärung, auch wenn sie, zeit- und kulturbedingt[51], in Teilen der Bibel selbst zu finden ist – und in den Köpfen vieler Menschen noch bis in die Gegenwart.

Gott, der Urheber des Leids und des Bösen – diesem Trugschluss erlag noch im 16. Jahrhundert sogar mein Ordensvater Johannes vom Kreuz: Angesichts massiver Verleumdungen, denen er und andere im Orden vonseiten einiger Mitbrüder ausgesetzt waren, schrieb er damals einer Karmelitin: „Gott lässt es zu, um seine Auserwählten zu prüfen“[52] und einer anderen: „... diese Dinge machen nicht die Menschen, sondern Gott, der weiß, was gut für uns ist, und der es zu unserem Heil fügt“[53]. Eine solche Auffassung ist dem Denken seiner Zeit geschuldet, ebenso wie die Auffassung Pius' XII., der noch im Jahr 1941, als der Zweite Weltkrieg tobte, in einer Radioansprache sagte, „dass Gott bisweilen Prüfungen über Einzelmenschen und Völker hereinbrechen lässt, deren Werkzeug die Bosheit der Menschen ist, um gemäß den Forderungen der Gerechtigkeit die Sünden zu bestrafen“.[54] – Auffassungen dieser Art, auch wenn sie über Jahrhunderte hin das kirchliche Denken und die Frömmigkeit vieler Christen prägten, widersprechen zutiefst dem christlichen Gottesverständnis.

Nein, *Gott wirkt nicht das Leid*. Auch kann ihm nicht angelastet werden, dass er es „zulasse“: Gott, so stellt Godehard Brüntrup klar, handelt und spricht nun einmal „nicht so, dass er alles Böse verhindern kann. Gott kann es nicht.“[55] Und den Theologen, die aus der Einzigkeit Gottes die Schlussfolgerung zogen oder heute noch ziehen, er müsse als der Urgrund von allem auch der Urgrund des Leids und des Bösen sein, stellt Hans Kessler die Frage: „So konsequent dieser Gedanke erscheint – versteigt er sich nicht in anmaßende (metaphysische) Spekulation, die sich an der Unverfügbarkeit Gottes vergreift?“[56] Gottes Liebe gar wegen des Leids und des Bösen grundsätzlich infrage zu stellen – ja seine Existenz überhaupt –, ist erst recht grundlos und unangemessen.

Berechtigt ist und bleibt freilich die Frage, warum Gott, wenn eine leidfreie Welt nicht möglich gewesen ist, nicht darauf verzichtet hat, die Welt ins Dasein zu setzen. Aber auf *diese* Frage werden alle Antwortversuche – gerade angesichts all des himmelschreienden Leids! – immer unbefriedigend bleiben. Nur Gott könnte sie beantworten. Deshalb gab es in der Christenheit immer wieder Menschen wie den Theologen Romano Guardini (1885–1968), der mit der Bereitschaft lebte, auf den ersten Tag der Ewigkeit zu warten, an dem *Gott selbst* die Antwort geben wird.[57]

Das – das allein – ist für mich annehmbar. Und seit auch ich darauf zu warten lerne, muss ich nicht mehr die Tatsache verdrängen, dass Gott *nicht* alles lenken und fügen kann, wie es „seinem Schöpfergeist“ entspräche. Ich kann nun damit leben, dass es auch „Zufälle“ gibt, die augenscheinlich *nicht* durch Gott gewirkt sind, sondern durch das freie Spiel der Naturkräfte, wie es heute etwa die sogenannte Chaostheorie beschreibt: in der Geschichte der Evolution zum Beispiel; oder wenn etwa ein Mann in den besten Jahren einfach zur falschen Zeit am falschen Ort ist und ein Unglück erleidet, durch das er seiner Frau und seinen Kindern entrissen wird ... Nicht *alles*, was in der Welt geschieht, muss einen Sinn haben. Es genügt mir, darauf bauen zu können, dass Gott da ist und einmal, am Ziel meines Lebens in seiner Ewigkeit, auch – so verstehe ich Edith Stein (s. S. 11) – allem Un-Sinn einen „Sinnzusammenhang" *geben* wird.

Bis dahin gibt es nur einen Weg, mit dem Leid und dem Bösen angemessen umzugehen: es zu nehmen als das, was es ist, und zugleich dagegen anzugehen mit Tatkraft und Entschlossenheit – *inspiriert durch die Impulse zu Mitmenschlichkeit und Liebe, die der Geist Gottes in unseren menschlichen Geist „hineinspricht"*. Gott wirkt nicht das Leid, aber er kann *in das Leid hineinwirken*. Durch uns Menschen.

In diesem Zusammenhang weist Hans Kessler darauf hin, dass das Handeln Gottes gerade auch darin zum Ausdruck kommen kann, wie sich Menschen – allen voran Jesus von Nazaret – *angesichts ihrer Ohnmacht* gegenüber dem Leid verhalten, das ihnen selbst oder anderen widerfährt. In einem sehr dichten Text schreibt der Theologe:

> Freilich, dieses durch [...] menschliches Handeln vermittelte Gotteshandeln erfolgt [...] oft verborgen unter dem Gegenteil: zentral in der Niedrigkeit des irdischen und in der Ohnmacht des gekreuzigten Jesus; da ist kein machtvolles Eingreifen zu sehen, alles Entscheidende geschieht in der uneingeschränkten, gewaltlosen Dahingabe Jesu an Gott und an die anderen Menschen. [... Gott handelt hier] in der Niedrigkeit und Machtlosigkeit derer, die sich ihm öffnen und gerade so (in der aus Gott gewirkten Agape) für andere da zu sein beginnen. In der Agape [in der Liebe] nimmt der Mensch ja seine Eigenmacht zurück und verzichtet auf bloße Selbstdurchsetzung, um auch den Anderen zur Geltung kommen zu lassen. In dieser Machtlosigkeit des Für-andere-da-Seins gewinnt Gott Raum und Macht in der Welt.

Das darf selbstverständlich nicht so verstanden werden, als brauche Gott das ohnmächtige Leiden von Menschen, um in die leidvolle Welt hineinwirken zu können. Um Missverständnissen solcher Art entgegenzutreten, fügt Hans Kessler an gleicher Stelle hinzu:

> Gegen Missverständnisse (etwa eine falsche Mystifizierung des Leidens und des Misserfolges) muss noch differenzierend angemerkt werden: Gott handelt nicht einfach durch menschliches Leiden, sondern er handelt durch solches Tun und Leiden, das innerlich von diesem Grundakt der Agape gefüllt und formiert ist. Wo also aus Agape zu anderen agiert, gelitten und gestorben wird (und das kann nicht von außen angesonnen werden, dazu kann sich nur der handelnde Mensch selbst bestimmen, indem er Gott mit seiner Agape in sein Leben einlässt), da kann vom Handeln Gottes gesprochen werden. Wo aber ein Geschöpf nur leiden muss durch andere und daran zerbricht, da leidet Gott zutiefst selber – gewiss auf unbegreifliche Weise radikal und aktiv; und da haben wir kein Recht, ein Handeln Gottes im eigentlichen Sinne zu suchen, sondern nur noch die Pflicht, solches Leiden abzuschaffen oder wenigstens zu mildem und darin Gottes Handeln Raum zu verschaffen.[58]

„... *da leidet Gott zutiefst selber.*“ Das ist es, was mir Hans Kessler auch mit seinen persönlichen Zeilen (s. o.) sagen wollte: „Ist es nicht so, dass er da leidet, und zwar abgründig tiefer als seine Geschöpfe, in denen er doch zutiefst anwest?“

Und Hans Kessler steht mit dieser Einsicht nicht allein. Der evangelische Theologe Dietrich Bonhoeffer (1906–1945) zum Beispiel schrieb aus der Haft:

> Gott läßt sich aus der Welt herausdrängen ans Kreuz, Gott ist ohnmächtig und schwach in der Welt und gerade und nur so ist er bei uns und hilft uns. [...] Hier liegt der entscheidende Unterschied zu allen [anderen] Religionen. Die [gewöhnliche Art der] Religiosität des Menschen weist ihn in seiner Not an die Macht Gottes in der Welt, Gott ist der deus ex machina. Die Bibel weist den Menschen an die Ohnmacht und das Leiden Gottes; nur der leidende Gott kann helfen.[59]

Die niederländische Jüdin Etty Hillesum (1914–1943) sagt dem ohnmächtig zutiefst mitleidenden Gott sogar: „Und mit fast jedem Herzschlag wird mir klarer, daß du uns nicht helfen kannst, sondern daß wir dir helfen müssen und deinen

Wohnsitz in unserem Inneren bis zum Letzen verteidigen müssen."[60]

Gott wirkt nicht das Leid. *Er wirkt als selbst zutiefst am Leiden des Menschen Leidender in die leidenden Menschen hinein* – und er wirkt mit den Menschen, die ihn „einlassen", *gegen* das Leid.

Als ich selbst einmal, damals 50 Jahre alt, relativ handfest zu leiden hatte, ist mir das auch persönlich zur Erfahrung geworden. Nach einer eher harmlosen Magen-OP hatte sich, was in einem von tausend Fällen vorkommen kann, die Bauchspeicheldrüse entzündet und begonnen, sich aufzulösen. Neun lange Wochen lag ich auf der Intensivstation, völlig kraftlos und mit einer Überlebenschance von nur 1:100. Zum ausdrücklichen Beten war ich zu schwach, aber ich „wusste": Gott ist da; er leidet mein Leiden, das er nicht wollte, mit mir mit. In den Ärzten, Krankenschwestern und Pflegern – fast alle waren konfessionslos – erlebte ich Menschen, die alles taten, weit über ihre Dienstpflichten hinaus, um die Nekrose meiner Bauchspeicheldrüse zu stoppen. Und in mir selbst wurde schon bald das Empfinden wach, dass Gott mir sagte: „Du darfst wählen, Du darfst zu mir kommen oder bleiben." Ich „entschied" mich zu bleiben, weil ich ein paar mir nahestehenden Menschen mein Sterben nicht antun wollte ... und gern noch etwas tun wollte für Gott und seine Welt ...; und ich fühlte mich mit Gott eins in diesem Entschluss.

Ja. Gott leidet am Leiden seiner Schöpfung, „abgründig tiefer" noch „als seine Geschöpfe, in denen er doch zutiefst anwest". Er wirkt nicht das Leid und er wirkt schon gar nicht das Böse – er wirkt *im* Leid und *gegen* das Leid und das Böse. Das ist mir seit damals zur Gewissheit geworden. Aber ich weiß, dass ich diese Gewissheit niemandem aufdrängen, niemanden davon „überzeugen" kann. Ich kann nur, wie die Autoren der Bibel, wie Jesus selbst und wie zum Beispiel Edith Stein, davon erzählen.

Dass ich auf den „Wohnsitz" Gottes in meinem Inneren achte, die „Schnittstelle" zwischen Gott und mir aktiv halte, mich von Ich zu Du Gott zuwende, mehr hörend als redend, damit ich, wie Johannes vom Kreuz sagt, das „Einströmen" von „Weisheit und Liebe und Selbstmitteilung Gottes"[61] vernehmen kann – *das* braucht Gott, um in der Welt, die in ihrer Freiheit und Eigenständigkeit auch so viel Leid hervorbringt, handeln zu können. Besseres als dies kann ich für Gott und für seine Welt nicht tun.

Was ich bis hier hin *sprachlich*, mit Worten, zu formulieren versuchte, kommt für mich auch recht gut in einem *Bild* zum Ausdruck, von dem der nächste Leitsatz handelt: Es veranschaulicht die bisherigen Gedanken und hilft mir ebenfalls, meinem Verstand zu erklären, wie es möglich ist, dass Gott in die Welt hineinwirken kann.

5. Gott ist der Welt mit der Spitze zugekehrt – wie ein Dreieck, das nach unten zeigt

Gott – wie ein Dreieck, ein Dreieck mit der Spitze nach unten? Ein eher ungewöhnliches Bild. Das Dreieck ist als Symbol für Gott zwar bekannt – in der christlichen Kunst vor allem für die Dreieinigkeit Gottes –, doch es steht dann in der Regel auf seiner geometrischen Basis, auf einer der drei Seiten, nicht auf der Spitze.

Ein Dreieck, das auf der Spitze steht, ist mir als Symbol für Gott zum ersten Mal begegnet, als ich mich in jungen Jahren etwas näher mit Nikolaus von Flüe (1417–1487), dem Schweizer Nationalheiligen, beschäftigte. Damals las ich, dass auf der Meditationstafel, die in seiner Klause hing – heute ist sie vielen leider nur als „Fastentuch" bekannt –, zwei Dreiecke verborgen sind: Verbindet man nämlich in Gedanken die Mittelpunkte der sechs Rundbilder, ergibt sich ein Dreieck mit der Spitze nach oben und ein zweites mit der Spitze nach unten. Das erste wurde in den Kommentaren, die ich dazu las, als Symbol für die „Seelenspitze" des Menschen gedeutet, das zweite als Symbol für das Wirken Gottes in die Welt hinein. Beide Dreiecke überlagern einander und bilden den Davidstern, das Zeichen des Bundes zwischen Gott und den Menschen. Bruder Klaus, so hieß es dazu weiter, habe des Öfteren gesagt, der unendlich große Gott mache sich so „spitz“, dass er ganz klein in der Welt gegenwärtig sein und unser Herz in der „Seelenspitze“ berühren könne ...

Damals habe ich mir den Satz notiert: *Gott ist der Welt mit der Spitze zugekehrt.* Wer ihn so formuliert hat, ob es Bruder Klaus selbst war oder einer seiner Biografen, weiß ich nicht mehr, aber er sagt mir seitdem auf bildhafte Weise, was die christliche Theologie von alters her unter anderem mit den Begriffen „Immanenz“ und „Inkarnation“ zum Ausdruck bringt:

Immanenz (Innewohnen, Einwohnung), in der jüdischen Theologie „Schechina, (hebr.: shekhinah)“ genannt, bedeutet: Gott, der Schöpfer der Welt, der alles, was da ist, ins Dasein gesetzt hat, ist seiner Welt nicht fern. Er „füllt Himmel und Erde aus“ (Jer 23,24b), er „wohnt“ in seiner Schöpfung, und er „wohnt“ in uns, wie es in den biblischen Schriften an zahlreichen Stellen heißt[62]; er ist dem Menschen, sagt auch der Koran, „näher als seine Halsschlagader“[63]. Obwohl Gott nicht Teil der Welt ist, sondern eine ganz und gar andere Wirklichkeit als die Welt, ist er doch in ihr allgegenwärtig. Seine Schöpfung ist in ihm drin, und er ist in seiner Schöpfung drin – nicht im Sinne von „Gott ist alles“ und „alles ist Gott“ wie in pantheistischen Denkmodellen, sondern „Gott ist *in* allem“ und „*in* allem ist Gott“ wie etwa in der Spiritualität des Ignatius von Loyola. In der Bildsprache von Bruder Klaus ausgedrückt: Gott reicht so „spitz“ in Raum und Zeit seiner Schöpfung hinein, dass es nicht einmal zwischen den Quantenteilchen einen Ort gibt, an dem er nicht anwesend wäre, ja nicht einmal zwischen zwei Sekundenbruchteilen einen Zeitmoment, in dem er abwesend wäre, und vor allem: keinen Leidenden, an dessen Leiden nicht auch er leiden würde.

Und *Inkarnation* (wörtlich: Fleischwerdung) meint nicht nur die Menschwerdung einer der drei göttlichen Personen in Jesus von Nazaret (vgl. Joh 1,14), sondern auch die „Fleischwerdung“ der Idee Gottes von der Welt, die er im Schöpfungsakt – aus unserer Sicht „kontinuierlich“, in jedem Moment in der Geschichte der Zeit – in Realität umsetzt. Und ebenso ist damit die „Fleischwerdung“ seiner Liebe im liebenden Handeln des Menschen und seiner göttlichen Gedanken in menschlichen Gedanken gemeint. Auch uns Menschen ist Gott so „spitz“ zugewandt, dass er mit seinem göttlichen Geist den menschlichen Geist berührt. So, von Geist zu Geist, kann er uns sein Dasein erahnen und erspüren lassen, und so kann er durch Weisheit zu uns „reden“ und uns durch Liebe zum Guten bewegen – ohne dabei gegen unseren Willen zu agieren. So, als der in jedem Quantenteilchen und jedem Stein An-wesende, kann Gott auch die nicht mit Bewusstsein begabten und vor-bewussten Geschöpfe in jedem Moment in eine Selbstorganisation und Entwicklung locken, wie er sie ihnen im Schöpfungsakt durch seine „geistig-mathematische Ordnung“ (Godehard Brüntrup, s. S. 39) als Zielstrebigkeit mit auf den Weg in ihre Zukunft gegeben hat.

Das Bild aus Flüe sagt mir: Scheue dich nicht, so „zugespitzt“ von Gott zu denken! Selbstverständlich ist Gott, wie man zu Recht gerade heute wieder betont, der Unendliche und Unfassbare. Ein Dreieck mit der Spitze nach unten, das Gott symbolisiert, dürfte deshalb oben keine begrenzende Seite haben; die beiden von der Spitze ausgehenden Linien sind nicht als „gedeckelt“ zu betrachten, sie laufen in die Weite der Unendlichkeit hinein – anders freilich als in der verborgenen Geometrie der Bildtafel aus Flüe, die unter diesem Gesichtspunkt korrigiert werden muss (alle Bilder und Vergleiche hinken!).

Und doch hat dieser große, unendliche Gott sich ganz klein gemacht. Auch das zu betonen, wäre heute so wichtig! Hans Kessler erinnert seine Leser daran – nicht zuletzt die Lehrenden in Theologie und Glaubensverkündigung –, dass Gott immer „der ‚Deus semper maior' (Thomas von Aquin) und zugleich der ‚Deus semper minor' (Franz von Assisi)"[64] ist; dass Gott also „immer größer", aber zugleich auch „immer kleiner" ist, als wir von ihm denken können.

Ein Gott, der nicht „auf der Spitze steht", der nicht mitten in unserer Welt- und Lebensgeschichte handeln kann, im Leiden nicht mit uns leidet, uns nicht von Geist zu Geist „berührt", der berührt uns nicht. „Sobald die Gläubigen", schreibt Godehard Brüntrup, „das Handeln Gottes in ihrem Leben nicht mehr als wirksam erleben, gerät die Religion zunehmend zu einem rein ästhetischen Ornament einer Welt, in der ganz andere Kräfte als Gott das Sagen haben." Gott wird dann „so etwas wie der britische König": bestenfalls noch „eine geschätzte Antiquität im gesellschaftlichen Mobiliar". Das Christentum müsse „diese geistige Haltung mehr fürchten als den Atheismus", schreibt er, denn für jemanden, der zwar an Gott glaubt, aber „sich von Gott nichts mehr erwartet", weil Gott „die Zukunft nicht gestalten kann", ist Gott „ein toter Gott."[65] – Ein Gott, der nicht „auf der Spitze steht", steht auf der Kippe! Immer mehr Menschen können mit einem solchen „Gott" nichts mehr anfangen. Und auch unter den Kirchentreuen strecken sich deshalb wohl nur noch wenige mit ihrer „Seelenspitze“ nach Gott aus.

Trau dich, höre ich Gott sagen, nicht nur ganz groß, sondern auch ganz klein von mir zu denken! Vertrau mir, ich bin da. Und ich wirke wirklich, wie es die Bibel Hunderte Male sagt, in die Welt hinein, in die Geschichte der Menschheit und auch in deine Lebensgeschichte. Scheu dich nicht, auch weiterhin darauf zu bauen, dass ich die Dinge fügen und im rechten Moment zu dir sprechen werde – auch wenn du deinem Verstand nicht bis ins Letzte erklären kannst, *wie* das möglich ist ...

6. Gott weiß, was wir brauchen – noch bevor wir ihn um etwas bitten

Dieser letzte Leitsatz stammt nicht von mir. Dem Matthäusevangelium nach hat ihn Jesus gesagt. In der Bergpredigt, dort sogar an zentraler Stelle, heißt es: „[...] euer Vater weiß, was ihr braucht, noch ehe ihr ihn bittet“ (Mt 6,8). Und das ist in diesem Fall *nicht* bildlich, sondern ganz *wörtlich* gemeint. Die Vorstellung, man müsse Gott erst darum *bitten*, dass er handle, oder man *brauche* ihn nur darum zu bitten, dann *werde* er handeln, könnte durch dieses Jesuswort, würde es ernst genommen, ein für alle Mal widerlegt sein.

Doch: Derselbe Jesus ermuntert auch zum Bitten! Schon ein Kapitel später, ebenfalls in der Bergpredigt, heißt es: „[...] wer bittet, der empfängt“ (Mt 7,8). Nur sagt Jesus nicht, der Bittende bekäme dann genau das, worum er bittet. Sein Versprechen lautet vielmehr: „[...] euer Vater im Himmel [wird] denen Gutes geben, die ihn bitten“ (Mt 7,11) – *Gutes*, nicht unbedingt also das Erbetene. Und Lukas, der dasselbe Jesuswort fast gleichlautend in seiner Feldrede überliefert, schreibt, Gott wird „den Heiligen Geist (wörtlich: heiligen Geist) denen geben, die ihn bitten“ (Lk 11,13) – *heiligen Geist* also, den Geist der Weisheit, der Liebe, der Friedfertigkeit ..., der uns befähigt, *selbst* im Sinne Gottes zu denken, zu reden und zu handeln.

Seit ich Jesus auch darin ernst nehmen will, habe ich meine „eigene" Meinung zum Thema Bittgebet und Fürbittgebet.

Gott um etwas bitten, heißt für mich: ihm meine Sorgen sagen – und ihm *Vorschläge* machen, was angesichts meiner Not und der Nöte anderer geschehen müsste. Schon während des Theologiestudiums hatte ich bei meinem Lehrmeister Johannes vom Kreuz gelesen, damals noch in einer älteren Übersetzung:

> [Die Seele beschränkt sich] darauf, dem Geliebten ihre Not und Qual vorzustellen; denn wer besonnen liebt, wird nur auf seine Bedürftigkeit hinweisen, anstatt das Erwünschte zu erbitten; so bleibt die Weise der Abhilfe dem Geliebten überlassen. So sagte die gesegnete Jungfrau auf der Hochzeit zu Kana nur dieses zu ihrem geliebten Sohn: Es fehlt ihnen an Wein.[66]

Wichtiger, als Gott und seinem Jesus mit Bitten zu kommen, ist deshalb für mich das *Hören* geworden – auf seinen Geist der Weisheit, seine weisenden Wahrheiten in meine konkreten Lebenssituationen hinein: auf *seine* Vorschläge – und seine Bitten an *mich*.

Ja, Gott handelt, wenn ich ihn um etwas bitte. Das glaube ich nicht nur, das weiß ich. So weit ich zurückdenken kann, hat er mich immer ernst genommen als seinen Gesprächspartner, als jemanden, der sich mit-sorgt um seine Welt und sich Gedanken macht, wie es weitergehen kann. Doch wie froh bin ich heute, dass viele meiner Bitten, auch wenn sie nur Vorschläge waren, *nicht* in Erfüllung gingen! Die Überraschungen, die stattdessen kamen, habe ich zwar nicht immer sofort erkannt, aber im Rückblick gesehen kann ich nur staunen und dankbar sagen: Gott, du bist immer da gewesen und hast mein Leben – in Freud und Leid – begleitet. *Du* hast *mir* Vorschläge gemacht. Und es kam eigentlich immer nur darauf an, dass ich sie wahrgenommen – *gehört* – habe und darauf eingegangen bin.

Als der junge, noch unerfahrene Samuel, so erzählt die Bibel, zum ersten Mal ein inneres Berührtsein von Gott erlebte, sagte er zu Gott auf den Rat des erfahreneren Eli hin: „Rede [HERR], denn dein Diener hört“ (1 Sam 3,1–10). Ich wies einmal in einem Bibelseminar auf diese Erzählung hin. Von einer Frau aus der Runde kam darauf spontan die Bemerkung: „Und in der Kirche ist daraus geworden: Höre, Herr, dein Diener redet!“

Ich konnte ebenso spontan nur ergänzen: „Ja, und meistens noch dazu: und *er*höre uns, Herr!"

Man kann – im persönlichen Leben, in der Kirche, in der Politik oder wo auch immer – Pläne und Projekte ersinnen und für deren Gelingen Bittgebete gen Himmel schicken. Man kann aber auch „interaktiv" mit Gott umgehen: ihm Vorschläge machen und dann hinhören auf *seine* Impulse und Weisungen.

Bitten kann Hören verhindern – und dadurch Gott am Handeln hindern. Denn unsere Bitten können mit Zielen verbunden sein, die nicht die Ziele Gottes sind. Wer bittet, ist auf etwas fixiert, das er haben oder erreichen will, etwas nach seinem eigenen Wunsch und Plan. Dadurch kann es sein, dass er die Fügungen Gottes gar nicht wahrnimmt und *Gottes* Bitten und Wünsche gar nicht hört ...

Beten ist also weit mehr als Bitten, es ist vor allem Hören. Und ein solches Beten kann man *lernen*, wie es vor zwei Jahrhunderten – aus eigener Erfahrung – der dänische evangelische Theologe Søren Kierkegaard (1813–1855) beschrieb:

> Das weiß der rechte Beter; und wer ein rechter Beter nicht war, er hat vielleicht eben dies gelernt im Gebet. Es war da etwas, das ihm so sehr am Herzen lag, eine

> Sache, die ihm so wichtig war, es war ihm so überaus dringlich, sich Gott so recht verständlich zu machen, es bangte ihm, daß er im Gebet etwas vergessen haben könnte, und ach, gesetzt er hatte es vergessen, so bangte ihm, dass Gott vielleicht von selber nicht daran denken möge: darum wollte er seinen Sinn darauf sammeln, recht innerlich zu beten. Und was widerfuhr ihm dann, wenn anders er wirklich innerlich betete?

Und nun folgen die Zeilen, die durch den evangelischen Theologen Jörg Zink (1922–2016) seit 1970 in der Ich-Form sehr bekannt geworden sind[67]; im Original lauten sie:

> Etwas Wunderliches widerfuhr ihm allmählich; wie er innerlicher und innerlicher wurde im Gebet, hatte er weniger und weniger zu sagen, und zuletzt verstummte er ganz. Er ward stumm, ja, was dem Reden vielleicht noch mehr entgegengesetzt ist als das Schweigen, er ward ein Hörender. Er hatte gemeint, beten sei reden; er lernte: beten ist nicht bloß schweigen, sondern ist hören. Und so ist es denn auch: beten heißt nicht, sich selber reden hören, sondern heißt dahin kommen, daß man schweigt,

> und im Schweigen verharren, und harren, bis der Betende Gott hört.[68]

Heute gehört auch der in diesem Buch häufig zitierte Hans Kessler zu den Theologen, die ihr Leben lang nicht nur theologisches Denken, sondern ebenso *hörendes Beten* gelernt haben. Er soll hier noch einmal zu Wort kommen:

> Im Bewusstsein erleben Menschen also bisweilen die intime Präsenz eines Anderen, einer ganz anderen Dimension. Sie werden plötzlich gewahr, wie ein ganz Anderes (und doch nicht von ihnen und der Welt Getrenntes) auf ganz intime Weise da ist, etwas, in dem sie geborgen sind, eine Zuwendung, die von Wohlwollen geprägt ist. [...]
>
> „Machen" können wir diese Erfahrung nicht, wir können nur günstige Bedingungen dafür schaffen, dass sie sich eventuell ereignen kann. Vorbereiten kann man sich vor allem durch innere Einkehr, Stillwerden, meditativ-kontemplative Offenheit, in der das Bewusstsein [...] in seiner Tiefe sich öffnet für die intime Präsenz eines Anderen, das zugleich entzogen bleibt. In solchem Tiefenbewusstsein kann es zur in-

> timst möglichen Erfahrung eines Anderen kommen, das aus seiner ganz anderen Dimension heraus nahe ist, diskret anwesend ist.[69]

Gott wirkt in die Welt hinein, die er gewirkt hat. Er handelt in ihrer Geschichte, auch in der Geschichte der Menschheit und in der Geschichte meines Lebens.

In der Tat: Wie anders wäre unsere Welt schon jetzt, schon vor ihrer Vollendung an ihrem Ziel in Gottes Ewigkeit, würden wir ihn wirken *lassen* ...

Anmerkungen

1 *Edith Stein*, Endliches und ewiges Sein, Edith Stein Gesamtausgabe (ESGA), Freiburg i. Br.: Herder 2002–2013, Bd. 11/12, 106 f.

2 Siehe dazu: *Christoph Schulte*, Zimzum: Gott und Weltursprung, Berlin: Suhrkamp 2014.

3 *Hans Kessler*, Den verborgenen Gott suchen. Gottesglaube in einer von Naturwissenschaften und Religionskonflikten geprägten Welt, Paderborn: F. Schöningh 2006, 98.

4 In der griechischen Übersetzung der alttestamentlichen Schriften (SEPTUAGINTA, um 250 v. Chr.) kommt das Wort „pantokrator" ca. 120-mal vor und gibt die hebräischen Ausdrücke „el shaddai" und „JHWH zebaot" wieder. Im Neuen Testament findet es sich – ebenfalls in der genannten Bedeutung – ein Mal im 2. Korintherbrief und neun Mal in der Offenbarung des Johannes.

5 Siehe dazu z. B. *Walter Dietrich*, Art.: Allmacht Gottes, in: www-wibilex.de (Das Bibellexikon), 2006.

6 Zu diesem Ergebnis kommen in der deutschsprachigen Theologie neben *Hans Kessler* (s. vor allem seine Schriften in Anm. 3, 45 u. 56) auch die (bisher leider wenigen) einschlägigen Arbeiten: *Reinhold Bernhardt*, Was heißt „Handeln Gottes"? Eine Rekonstruktion der Lehre von der Vorsehung (Reihe: Studien zur systematischen Theologie und Ethik), Münster: LIT Verlag 2008; *Christoph Böttigheimer*, Wie handelt Gott in der Welt? Reflexionen im Spannungsfeld von Theologie und Naturwissenschaften, Freiburg i. Br.: Herder 2013; *Christine Büchner*, Wie kann Gott in der Welt wirken? Überlegungen zu einer theologischen Hermeneutik des Sich-Gebens, Freiburg i. Br.: Herder 2010; *Karl-Heinz Menke*, Handelt Gott, wenn ich ihn bitte? Kevelaer: Topos plus 2008. – So auch das

ins Englische übersetzte Buch eines polnischen Philosophen (von 2018): *Marek Slomka*, God's Action in the World. A New Philosophical Analysis, London: Bloomsbury Publishing 2021.

7 Siehe dazu: *Ludger Schwienhorst-Schönberger u. Jürgen Wehnert*, Art: Wunder (AT u. NT), in: Neues Bibel-Lexikon, hg. v. *Manfred Görg u. Bernhard Lang*, Düsseldorf/Zürich: Benziger Verlag 2001, 1133–1138.

8 *Thomas Söding*, Das Handeln Gottes in der Bibel. Strukturen und Kategorien, in: ZUR DEBATTE, hg. v. d. Katholischen Akademie München, 2/2017, 20.

9 Die Sängerin holte mit diesem Song beim Grand Prix d'Eurovision am 21. März 1970 in Amsterdam für Deutschland einen sensationellen dritten Platz.

10 *Edith Stein*, Kreuzeswissenschaft. Studie über Joannes a Cruce, ESGA 10, 94.

11 Der Geistliche Gesang (Cántico A) 5,1. – Ich zitiere Johannes vom Kreuz, wenn nicht anders vermerkt, aus der deutschen Gesamtausgabe: *Johannes vom Kreuz*, Gesammelte Werke, 5 Bde., übers. u. hg. v. *Ulrich Dobhan, Elisabeth Hense, Elisabeth Peeters*, Freiburg i. Br.: Herder/spectrum 1995–2000.

12 A. a. O. (s. Anm. 3) 100 f.

13 Siehe: Aufstieg auf den Berg Karmel II 22,5 u. 6.

14 *Hans Urs von Balthasar*, Juan de la Cruz, in: Herrlichkeit. Eine Theologische Ästhetik, Bd. 2, Einsiedeln: Johannes Verlag 1962 (465–531), 522.

15 Aufstieg II 22,5 f.

16 Aufstieg II 16,4.

17 Aufstieg II 26,17 u. öfter.

18 Der Geistliche Gesang (Cántico B) 20/21,12. (Der Cántico B liegt in neuer deutscher Übersetzung in der Sonderausgabe vor: *Johannes vom Kreuz*, All mein Tun ist nur noch Lieben, hg. v. *Ulrich Dobhan u. Elisabeth Peeters*, Freiburg i. Br.: Herder 2019.)

19 So die m. E. treffendste Wiedergabe, da „comunicación" ein beiderseitiges Geschehen meint, in der Übersetzung

von *Irene Behn*, in: Das Lied der Liebe (Cántico B), Einsiedeln: Johannes Verlag 1963, 136.

20 Aufstieg II 16, 3 u. 4.

21 Aufstieg II 16,4.

22 Angemerkt sei hier, dass die Termini „natürlich (natural)" und „übernatürlich (sobrenatural)" bei Johannes vom Kreuz einen spezifischen Sinngehalt haben und nicht ohne Weiteres dem scholastischen oder gar modernen (theologischen) Sprachgebrauch entsprechen.

23 *Teresa von Ávila*, Weg der Vollkommenheit (Gesammelte Werke, hg., übers. u. eingel. v. *Ulrich Dobhan u. Elisabeth Peeters*, Freiburg i. Br. Herder 2001–2011, Bd. 2), 48,4.

24 Aufstieg II 16,3.

25 Aufstieg II 16,4.

26 Ebd.

27 Lebendige Flamme der Liebe 2,21.

28 Aufstieg II 5,3.

29 Ebd.

30 Der Geistliche Gesang (Cántico B; s. Anm. 18) 20/21,12.

31 Lebendige Flamme 2,21.

32 Ebd. 3,69.

33 Lebendige Flamme 4,2.

34 Ebd. 4,3.

35 *Blaise Pascal*, Pensées IV, 277 („Le cœur a ses raisons que la raison ne connaît pas.")

36 © *Ingrid Engbroks*, Frechen, in: KARMEL*impulse* 4/2023 (hg. im Karmelitenkloster Birkenwerder), 13.

37 A. a. O. (s. Anm. 3) 96.

38 Ebd.

39 *Godehard Brüntrup SJ*, Der Ermöglicher. Gottes Handeln in der Welt, in: HERDERKORRESPONDENZ SPEZIAL 2/2022 (17–20), 17.

40 Ebd. 19.

41 Ebd. 20.

42 Ebd.

43 Ebd.

44 Ebd.

45 *Hans Kessler*, Evolution und Schöpfung in neuer Sicht, Kevelaer: Butzon & Bercker, 5. Aufl. 2017, 125.

46 Ebd. 68.

47 *Theo Schmidkonz SJ*, Meditationstext zu: Sieger Köder, Schöpfung, Rottenburger Kunstverlag VER SACRUM (Motiv Nr. 857 D).

48 Siehe dazu zum Beispiel die gut lesbar geschriebenen Bücher: *Gisbert Greshake*, Warum lässt uns Gottes Liebe leiden? Freiburg i. Br.: Herder 2007; *Johannes B. Brantschen*, Warum gibt es Leid? Die große Frage an Gott, Freiburg i. Br.: Herder 2009.

49 Siehe: *Gisbert Greshake*, ebd. 46.

50 So *Friedrich W. J. Schelling*, Philosophische Untersuchungen über das Wesen der menschlichen Freiheit und die damit zusammenhängenden Gegenstände (1809), in: Schriften 1804–1812, hg. u. eingel. von *Steffen Dietzsch*, Berlin (Ost): Akademie-Verlag 1975, 94.

51 In seinem Buch: Moral. Die Erfindung von Gut und Böse, München: Piper 2023, hat der Düsseldorfer Sozialwissenschaftler *Hanno Sauer* die lange Evolutionsgeschichte dieser Zusammenhänge bis hin zum Jetztmenschen anschaulich nachgezeichnet.

52 Brief 30, in: Worte von Licht und Liebe. Briefe und kleinere Schriften (Sämtliche Werke Bd. 2), 79 f.

53 Brief 26, ebd. 76.

54 In questa solennitá. Radiomessaggio di Sua Santitá Pio XII, Pfingsten (1. Juni) 1941.

55 A. a. O. (s. Anm. 39).

56 *Hans Kessler*, Gott und das Leid seiner Schöpfung. Nachdenkliches zur Theodizeefrage, Würzburg: Echter Verlag 2000, 71.

57 Nach einem Bericht von *Walter Dirks*, zit. n. *Eugen Biser*, Interpretation und Veränderung. Werk und Wirkung Romano Guardinis, Paderborn: Schönigh 1979, 132 f.

58 *Hans Kessler*, Den verborgenen Gott suchen (s. Anm. 3), 101 f.; Hervorhebungen (kursiv) ebd.

59 *Dietrich Bonhoeffer*, Widerstand und Ergebung. Briefe

und Aufzeichnungen aus der Haft, hg. v. *Eberhard Bethge*, München: Kaiser Verlag 1961, 242.

60 Das denkende Herz. Die Tagebücher von Etty Hillesum 1941–1943, hg. von *Jan G. Gaarlandt*, Reinbek: Rowohlt 1985, 149.

61 Ebd. 3,69.

62 Siehe vor allem Joh 14,23.

63 Sure Kahf / 50,16.

64 *Hans Kessler*, Den verborgenen Gott suchen (s. Anm. 3), 24.

65 A. a. O. (s. Anm. 39) 17.

66 Der Geistliche Gesang (Cántico B) 2,8 – hier in der Übersetzung von Irene Behn (s. Anm. 19), 37 f.

67 *Jörg Zink*, Wie wir beten können, Stuttgart-Berlin: Kreuz-Verlag 1970, 22.

68 *Søren Kierkegaard*, Die Lilie auf dem Felde und der Vogel unter dem Himmel. Drei fromme Reden, in: Kleine Schriften 1848/49, aus dem Dänischen übers. v. *Emanuel Hirsch*, Gütersloh: Gütersloher Verlagshaus 1984 (29–74), 37 f.

69 *Hans Kessler*, Evolution und Schöpfung in neuer Sicht (s. Anm. 45), 128.

Weitere Bücher von Reinhard Körner im St. Benno Verlag

2. Auflage

Reinhard Körner
Leb selber Kirche
Eine Kurzanleitung
48 Seiten, 10 x 17 cm,
gebunden
ISBN 978-3-7462-6469-1

Passen wir noch zusammen, die Kirche und ich? Diese Frage stellen sich heute viele Menschen, und Hunderttausende beantworten sie mit dem Kirchenaustritt. Für sie, „die dennoch Gebliebenen wie die Ausgetretenen“, schreibt Pater Reinhard Körner in diesem Buch eine Kurzanleitung, wie man trotz allem mit Gott und seinem Jesus Christus leben kann – denn das ist gerade jetzt so nötig für unsere Welt, für Gottes Welt.

Reinhard Körner
Was jetzt
Halt gibt
Das Nada te turbe in den
Turbulenzen unserer Zeit

Reinhard Körner
Was ich Gott wünsche
Ein heilsamer Blick am Wendepunkt unserer Zeit
96 Seiten, 13 x 20 cm, gebunden
ISBN 978-3-7462-6178-2

Der Herzenswunsch eines Kindes hat Reinhard Körner zu diesem Buch inspiriert: „Ich wünsche mir, dass es Gott gut geht." Ein ungewöhnlicher Wunsch. Besonders in diesen schweren Zeiten, in denen man Gott doch um so vieles bitten möchte: um das Ende von Krieg, Pandemie und Klimakatastrophe bis hin zu Hilfe bei persönlichen Sorgen. Wir können und sollten von diesem Kind lernen, meint der beliebte geistliche Autor und Exerzitienmeister. Wenn wir uns und unsere Nöte aus dem Mittelpunkt rücken und stattdessen zuerst an Gott denken, gewinnen wir einen neuen Blickwinkel. Nur so können wir mit Gott hoffnungsvolle Schritte in unsere Zukunft gehen.

Reinhard Körner
Wie Jesus zur Welt kam
Ein Weihnachtsbuch für Kleinbauern und solche, die es werden wollen
80 Seiten, 12,5 × 19,5 cm, geb.
2. Auflage
ISBN 978-3-7462-6155-3

Reinhard Körner
Wie Jesus auferstand
Ein Osterbuch für Kleinbauern und solche, die es werden wollen
96 Seiten, 12,5 × 19,5 cm, geb.
ISBN 978-3-7462-6067-9

Reinhard Körner
Wie Jesus Kirche macht
Ein Pfingstbuch für Kleinbauern und solche, die es werden wollen
96 Seiten, 12,5 × 19,5 cm, geb.
ISBN 978-3-7462-6104-1

Reinhard Körner
Was mich bewegt
Unsere Chance in einer schweren Zeit
80 Seiten, 12,5 × 19,5 cm, geb., zweifarbig gestaltet
ISBN 978-3-7462-5907-9

Reinhard Körner
Warum ich an das ewige Leben glaube
Ein persönliches Bekenntnis zur christlichen Hoffnung
160 Seiten, 11 × 19 cm, geb.
7. Auflage
ISBN 978-3-7462-6298-7

Reinhard Körner
Credo
Mein christliches Glaubensbekenntnis
96 Seiten, 11,5 × 16 cm, geb., zweifarbig gestaltet
6. Auflage
ISBN 978-3-7462-5749-5

Reinhard Körner
Gott, ihr Drei
– und wie wir Menschen zusammengehören
80 Seiten, 10,5 x 16,5 cm, Klappenbroschur
2. Auflage
ISBN 978-3-7462-5796-9

Reinhard Körner
Gott. 95 Thesen
102 Seiten, 10,5 x 15,5 cm, geb., farbig gestaltet
ISBN 978-3-7462-4875-2